¿Mamá, Quién Es Jesús?

Andrea L. Walker

El Ilustrador, Titus Rowell

La Traductora, Josabeth Mejia

Los Angeles   California

Copyright 2015 © por Andrea L. Walker
Los Angeles, California
Todos los derechos reservados
Imprentado y encuadernado en los Estados Unidos de América

Publicado y distribuido por
Create Noise Publishing
Los Angeles, California
createnoise1@gmail.com

Embalaje/Consultoria
Professional Publishing House
1425 W. Manchester Ave. Ste B
Los Angeles, CA 90047
Email: professionalpublishinghouse@yahoo.com
www.Professionalpublishinghouse.com

Diseño de cubierta: TWA Solutions
Primera impresión Abril 2016
978-0-9961346-2-0
10987654321

Ninguna parte de este libro puede ser reproducida, guardada en un sistema de recuperación o transmitida en cualquier forma o por cualquier medio sin la previa autorización por escrito del editor - excepto por un revisor que puede citar breves pasajes en una revisión que sea imprentada en un periódico, revista o diario. Para preguntas, comuníquese con createnoise1@gmail.com

Dedicación

¡A Dios sea la Gloria! Lo demás es secundario. Doy gracias por mi madre, el amor de mi vida, Terrence Williamson, por mis bebes: Gabe, JJ, Jazz, y JD. A mi difunta abuela, mis hermanos: Alfonso, CJ, y Keyon, y mi hermana Nichelle. Mi mentor, Dra. Rosie Milligan, y Levester "Crunchie Munchie" Williams – no les puedo dar suficientes gracias, y a mis amigos que me han ayudado en este caminar.

Dios ha puesto muchas personas buenas en mi vida para dar vida a este libro, especialmente LaTonya Patterson y Ashley Williams.
¿Quién es el hombre, Jesús, de quién hablas?

¿Quién es el hombre, Jesús, de quién hablas?

Es temprano y parece que el Estudio Bíblico esta alegre como los jóvenes hacen muchas preguntas al maestro. El Estudio Bíblico está lleno de felicidad y inspiración como los niños dibujan al gran Salvador Jesucristo.

La Comunión es una parte seria del servicio para los adultos pero la Iglesia para los niños está llena de clases, juegos de adivinar y páginas para colorear las historias de la Biblia y los lideres que han sido parte de esa historia.

Las páginas de colorear y la poesía que los niños crean son asombrosos. Escriben acerca de nuestro Salvador Jesucristo. En los dibujos se ve tan grande. Se ve fuerte y valiente mientras vuela sobre la Iglesia hacia las nubes. Cada dibujo muestra el liderazgo de Jesús y su habilidad como maestro.

¡Al terminar la clase unos niños se quedan en sus asientos, levantando sus manos alto en el aire!

Después del Estudio Bíblico, Jay pregunta a su mamá una pregunta muy importante, "¿Mamá, puedes decirme quien es este hombre Jesús de quien tanto hablamos y porque nunca lo he visto?"

Mamá sonrie. "Bueno, Jay, Jesús es el hijo de Dios y………….."

Jay está confuso. "¿Bueno, no soy yo también su hijo?"

Mamá se rie y contesta, "¡Claro que eres su hijo, pero Jesús fue llamado por Dios para morir por todos nuestros pecados, hijo!"

Jay esta devastado.

"¿Mamá, Jesús murió?"

Mamá toca la cabeza de su hijo y levanta su barbilla para verle firmemente en los ojos. "¡El murió y regreso a su hogar para salvar a todos los hijos bellos de Dios!"

Mamá toma a Jay por su pequeña mano y caminan hacia el bosque.

"¿Mamá, salvo Jesús a todos?"

Señalando con su cabeza que si, mamá contesta "Jay, Jesús salvo a todos. El salvo a la gente, todos los animales y las plantas. ¡Nos salvo a todos!"

Jay se excito. Casi brinco fuera de su piel como un ave parecía escuchar la conversación mientras relajaba en un árbol cercano.

¡Jay mira alrededor del bosque! ¡Se fija en el arco iris en el cielo, las flores, los grandes arbustos, el movimiento de la brisa, y por primera vez, siente la presencia de algo que no puede ver!

Las palabras sabias de Mamá resuenan en su pensar.

"Mamá, porque siento algo dentro de mi cuando hablas de Jesús?"

Con mucho entusiasmo, ella levanta sus manos hacia el cielo, mueve sus brazos alrededor y le dirige a su hijo ver la demonstración.

¡Jay mira con asombro las manos de mamá fluyendo y balanceando en el aire!

"¡Hijo, Jesús es como el viento! ¡Sabes que está allí pero no lo puedes ver!"

Que increible, piensa Jay a sí mismo. Que si Jesús fuera como el viento – realmente como el viento, entonces estaría por todas partes. ¡Navegaria entre paredes, túneles, el tiempo, el espacio! ¡Puede ser alto como un árbol y rapido como un guepardo, volar alto como un ave y ser tan pequeño como una hormiga! Este hombre, Jesús – lo siento dentro de mí.

Jay se le queda viendo al ave circulando a su alrededor.

Jay se va a cama soñando cuan estupendo será el siguiente Estudio Bíblico.

"Si, Jesús estará allí también!" se dice a sí mismo.

Acerca de la Autora

Andrea nació en Los Angeles, California. Fue la primera en su familia en graduarse del colegio. Se le otorgo una Maestría en Ciencias en Entretenamiento de Negocio de la Universidad Full Sail al igual que una Licenciatura en Artes de Medios de Comunicación de la Universidad Clark Atlanta. Los escritos de Andrea han aparecido en *Look Magazine*, *Sable Sportsman Magazine*, *Explorer Newspaper*, *Maroon Tiger Newspaper*, y *Panther Newspaper* entre otros. Hizo su debut como Dramaturga con la producción de "To Tell The Truth" que fue destacado en el Festival de Teatro de NAACP 2011. En la primavera 2004, Andrea fue destacada en "Life & Style" en la sección de *Atlanta Journal Constitution Newspaper* por su participación en el foro de la estación de radio V-103 FM y del Centro para el Control de Enfermedades de la Universidad Clark Atlanta que amuento conciencia para HIV/SIDA. Tiene 4 hijos y actualmente reside en Los Angeles, California.

Acerca del Ilustrador

Titus Rowell nació en Carolina del Norte pero creció en Georgia. Se gradúo del Instituto de Arte de Atlanta con un enfoque en Animación. Titus tiene una hija a quien ama mucho. A él le gusta jugar videos, ver caricaturas y leer libros de historietas. Titus cree que nunca estas demasiado viejo para caricaturas y super heroes. Su super heroe favorito es el hombre araña. Titus actualmente reside en Atlanta, Georgia.

Acerca de la Traductora

Josabeth Mejia comenzo a escribir de pequeña, deseando escapar la realidad de la vida, queriendo hacer sentido del mundo y preguntándose porque nadie, ni uno, era lo suficiente valiente para simplemente explicarlo. Escribir fue un método valioso para sanar. Josabeth presta su tiempo a organizaciones locales que ayudan a los niños. Es una persona que aboga en servicios sociales en el centro de Los Angeles. En sus palabras, "Encontramos momentos en la vida, momentos durante cuales nuestra habilidad de seguir adelante es intensificada por la compasión, o falta de ello, de otros. La vida es para amar a la humanidad, ser lo suficiente valiente para canalizar a la persona terapéutica dentro y ser una curación para los demás." Josabeth vive en el sur de California con su familia, donde está ocupada escribiendo su próximo libro para niños.

www.ingramcontent.com/pod-product-compliance
Lightning Source LLC
Chambersburg PA
CBHW080416300426
44113CB00015B/2544